NICOLAS POUSSIN
ET LE CLASSICISME

Un peintre français à Rome

par Mathieu Guitonneau

50MINUTES

Avec la collaboration de Julie Piront

NICOLAS POUSSIN

- **Naissance ?** Né le 15 juin 1594 aux Andelys.
- **Mort ?** Décédé le 19 novembre 1665 à Rome.
- **Contexte ?** Poussin est l'un des principaux représentants du classicisme français.
- **Œuvres majeures ?**
  - *Le Triomphe de Flore* (vers 1627-1628)
  - *Le Martyre de saint Érasme* (1628-1629)
  - *Les Bergers d'Arcadie* (*Et in Arcadia ego*) (vers 1638-1640)
  - *Les Sept Sacrements* (vers 1637-1642)
  - *Le Jugement de Salomon* (1649)
  - *Autoportrait* (1650)
  - *Les Quatre Saisons* (1660-1664)

Nicolas Poussin, peintre français, s'installe à Rome à l'âge de 30 ans. Bien que son arrivée dans la Ville éternelle marque un tournant majeur dans sa carrière, il a déjà acquis une certaine renommée en France. À cette époque, l'art français perpétue le maniérisme, un mouvement artistique qui reprend et exacerbe la « manière » de certains peintres italiens du *cinquecento*, notamment Michel-Ange (1475-1564) et Raphaël (1483-1520). Poussin lui-même, dans ses dessins réalisés à ses débuts pour l'écrivain italien Giam Battista Marino (1569-1625), dit le Cavalier Marin, reprend certains traits typiques du maniérisme, notamment la torsion des corps. C'est seulement en 1627, avec le retour de l'artiste Simon Vouet (1590-1649), que l'art parisien se détache du maniérisme : à Rome, Vouet a pu voir et expérimenter les innovations de peintres tels qu'Annibale Carrache (1560-1609) et le Caravage (1571-1610), et il apporte ces nouveautés en France. Au début du XVIIᵉ siècle, Rome, qui abrite les ruines et les statues de l'Empire romain, mais également un grand nombre d'œuvres de la Renaissance, attire en effet de nombreux artistes étrangers. La ville pontificale est ainsi un important foyer de création à partir duquel de nouveaux courants artistiques se diffusent dans toute l'Europe, comme le caravagisme et le baroque.

C'est dans ce contexte que s'inscrit Nicolas Poussin. Expérimentant sans cesse, il infléchit peu à peu sa manière de peindre, et la spontanéité visible dans ses premiers tableaux mythologiques disparaît au profit d'un style plus clair et plus lisible, notamment dans ses œuvres religieuses. Il apparaît ainsi comme le représentant par excellence du classicisme français.

$$\overline{\overline{}}$$

CONTEXTE

$$\overline{\overline{}}$$

LE PRESTIGE DE ROME

Au début du XVIIᵉ siècle, Rome est la capitale européenne des arts. Les papes Urbain VIII (1568-1644), Innocent X (1574-1655) et Alexandre VII (1599-1667) embellissent le siège de la papauté en commandant des œuvres d'art et des bâtiments aux plus grands artistes de l'époque. L'effervescence artistique qui règne alors dans la Ville éternelle a pour but d'exalter la puissance du catholicisme face à la rigueur et à l'austérité du protestantisme.

Si le dynamisme des souverains pontifes attire les artistes étrangers en quête de commanditaires, il faut également prendre en compte l'attraction qu'exerce à elle seule la ville de Rome, par son statut de centre de la chrétienté et par l'abondance des monuments antiques qui servent de modèles aux artistes. En effet, l'Antiquité y est partout présente – sous forme de statues, de ruines, de mosaïques –, et elle exerce une influence durable sur les artistes qui y vivent ou y voyagent. C'est pourquoi de nombreuses œuvres reprennent des motifs issus de l'Antiquité. Poussin lui-même reproduit dans ses toiles des altitudes, des expressions ou encore des motifs décoratifs antiques.

La cité romaine est ainsi un chantier constant, où s'élaborent et s'affirment des styles appelés à se diffuser dans toute l'Europe. Parmi ces nouveaux mouvements, citons le caravagisme, issu du Caravage et de ses suiveurs, caractérisé par ses jeux de clair-obscur et son caractère théâtral, mais surtout le baroque, qui trouve son meilleur représentant en peinture en la personne de Pierre de Cortone (1596-1669) et en sculpture avec Gian Lorenzo Bernini (1598-1680), dit le Bernin.

LE BAROQUE *VERSUS* LE CLASSICISME

Le terme « baroque » (du portugais *barroco*) désigne à l'origine une perle de forme irrégulière, avant d'être associé, par les historiens de l'art du XIXe siècle, à un courant artistique européen né à la fin du XVIe siècle et qui domine tout le XVIIe siècle. Né de la Contre-Réforme, l'art baroque vise principalement à exalter la grandeur de la religion catholique. En ce sens, il privilégie les extrêmes, l'exagération et le mouvement tumultueux.

Si l'art baroque se répand dans toute l'Europe, il connaît cependant de nombreuses variantes régionales. À Rome, on trouve l'école émilienne, illustrée par le Dominiquin (1581-1641), qui influence profondément l'art de Nicolas Poussin. Celui-ci retient de l'école émilienne le souci de la lisibilité de la peinture, grâce à la rhétorique des gestes – l'attitude d'un personnage correspond à l'émotion qu'il est censé véhiculer –, mais également le souci de la vérité historique, à travers des citations archéologiques.

On oppose souvent le baroque au classicisme, qui connaît quant à lui son heure de gloire dans la seconde moitié du XVIIe siècle et qui naît en réaction aux exubérances baroques. Ces deux courants artistiques partagent un même goût pour la mise en scène et la théâtralité, mais avec davantage de grandiloquence pour le baroque, qui a pour objectif d'éblouir le spectateur. Prônant la sobriété, la rigueur et l'équilibre des compositions, le classicisme semble ainsi rompre avec l'esthétique baroque. L'agitation et les passions de l'âme qui caractérisent les œuvres baroques laissent place à la stabilité et à l'ordre des réalisations classiques. Ce mouvement artistique qui touche tous les arts se veut en effet le témoin d'une époque et d'un état d'esprit qui privilégie la raison. Théorisé en France par l'Académie royale de peinture et de sculpture, fondée en 1648, et mise au service du pouvoir royal, le classicisme compte parmi ses principaux représentants, outre Nicolas Poussin, Philippe de Champaigne (1602-1674), Pierre Mignard (1612-1695) ou encore Charles Le Brun (1619-1690).

LE DÉBUT DU MÉCÉNAT PRIVÉ

Au XVIIe siècle, la situation de l'artiste évolue par rapport aux époques précédentes : la création d'œuvres ne répond plus forcément à des commandes particulières. Ainsi, Poussin semble avoir peint certaines de ses toiles avant même la réception d'une commande. Les artistes s'émancipent donc des grands mécènes tels que les rois, les princes ou les papes. Les commandes de riches particuliers, qui se multiplient, leur permettent par ailleurs d'atteindre une certaine célébrité qui leur amène d'autres commandes, toujours plus prestigieuses.

Le développement du mécénat privé se double d'une forte augmentation du nombre de collections personnelles. Les plus grandes sont le fait d'hommes proches du pouvoir, par exemple le cardinal Richelieu (1585-1642) en France ou le cardinal Scipion Borghèse (1577-1633) à Rome. Mais les riches amateurs entendent eux aussi s'entourer d'œuvres d'art, et bientôt les toiles de Raphaël, Titien (vers 1488-1576) ou Poussin peuplent les hôtels particuliers parisiens et romains. C'est grâce à un privé, Paul Fréart de Chantelou (1609-1694), que Poussin revient en France en 1640, et c'est également par le biais de ce dernier que le peintre reçoit de nombreuses commandes lorsqu'il retourne à Rome. Les plus grands artistes du début du XVIIe siècle font des carrières à l'échelle européenne.

ou Poussin peuplent les hôtels particuliers parisiens et romains. C'est grâce à un privé, Paul Fréart de Chantelou (1609-1694), que Poussin revient en France en 1640, et c'est également par le biais de ce dernier que le peintre reçoit de nombreuses commandes lorsqu'il retourne à Rome. Les plus grands artistes du début du XVIIe siècle font des carrières à l'échelle européenne.

BIOGRAPHIE

UNE JEUNESSE MAL CONNUE

Nicolas Poussin naît le 15 juin 1594 aux Andelys, en Haute-Normandie. Issus d'une famille de notaires, ses parents l'encouragent à suivre des études de lettres, mais le jeune homme s'intéresse davantage à l'art. Sa rencontre avec le peintre Quentin Varin (vers 1570-1634), de passage aux Andelys vers 1611-1612, est décisive, orientant définitivement son choix de carrière. À 18 ans, quittant la maison familiale, Nicolas Poussin monte à Paris.

Les années qui suivent son arrivée dans la capitale française, entre 1612 et 1619, sont très peu documentées. On sait que Nicolas Poussin travaille dans les ateliers des peintres Georges Lallemant (vers 1575-1636) et Ferdinand Elle (vers 1580-1637), mais apparemment, il apprend surtout de manière autodidacte. Ainsi, il étudie les œuvres de Raphaël au travers de gravures et assimile les décors maniéristes de Fontainebleau, grand centre artistique à l'époque. Après avoir suivi un jeune seigneur dans le Poitou, de retour à Paris, Poussin tente à deux reprises de se rendre à Rome, réputée pour être la capitale des arts, mais il échoue pour des raisons de santé. C'est à cette période qu'il fait la rencontre de Philippe de Champaigne, avec qui il est engagé pour décorer le palais du Luxembourg, résidence de la reine mère Marie de Médicis (1575-1642). C'est dans ce contexte qu'il rencontre le Cavalier Marin, qui séjourne alors à la cour de France en tant que poète attitré de la reine. Ce dernier incite Poussin à tenter une troisième fois le voyage à Rome. L'artiste arrive alors en Italie au printemps 1624.

LES ANNÉES ROMAINES

Dans la cité papale, Poussin doit tout recommencer. La petite renommée qu'il avait acquise à Paris – notamment grâce aux décors du palais du Luxembourg et aux cycles de saint Ignace de Loyola et de saint François Xavier, peints pour les jésuites de Lyon – ne lui est d'aucune utilité et, malgré l'aide du Cavalier Marin, l'installation est difficile. Il n'est pas le seul artiste français présent à Rome, et la compétition pour se faire un nom est rude, surtout face à Simon Vouet. Toutefois, Poussin parvient à intégrer le cercle de la famille Barberini, dont fait partie le pape Urbain VIII. Il rencontre ainsi ses premiers mécènes, parmi lesquels l'érudit Cassiano dal Pozzo (1588-1657). Mais l'artiste tombe malade et se réfugie dans la famille du pâtissier Jacques Dughuet, dont il épousera la fille Anne-Marie quelques années plus tard, en 1629. À partir de cette période, Poussin peint surtout des tableaux de format moyen, pour les cabinets privés et non plus pour des commandes publiques ou des églises, ce qui attire les amateurs, grâce auxquels sa célébrité grandit. Le cardinal Giulio Sacchetti (1586-1663), par exemple, lui commande *Le Triomphe de Flore*, probablement achevé vers 1627-1628.

En 1627, le départ de Simon Vouet pour Paris laisse à Poussin la possibilité de s'affirmer sur la scène romaine. Mais le peintre est conscient qu'il n'atteindra jamais la gloire de Vouet car il n'a aucune expérience dans la peinture à fresque et n'a jamais décoré de grands ensembles. Il laisse cela aux artistes baroques Pierre de Cortone et Andrea Sacchi (1599-1661). En 1628-1629, il obtient néanmoins, grâce à l'appui de dal Pozzo et du Bernin, la commande d'un retable pour la basilique Saint-Pierre de Rome, *Le Martyre de saint Érasme.*

L'HEURE DE LA CONSÉCRATION

Au début des années 1630, le nom de Nicolas Poussin commence à être connu, non seulement à Rome, mais aussi de l'autre côté des Alpes, à la cour de France. En 1636, il reçoit les premières commandes de Richelieu, notamment *Le Triomphe de Pan*, pour orner le château du cardinal en Touraine, mais il faut attendre 1640 et l'ordre du roi Louis XIII (1601-1643) pour que Poussin se décide à rentrer à Paris.

Lorsqu'il arrive à la cour de France, c'est la consécration pour le peintre : il obtient le brevet de premier peintre ordinaire du roi, un salaire considérable, et retrouve ses amis peintres comme Jacques Stella (1596-1657). Il noue par ailleurs d'étroites relations avec le milieu intellectuel parisien, notamment grâce à Paul Fréart de Chantelou, qui devient son principal mécène français.

Au service du roi, Poussin est pour la première fois à la tête d'un atelier. Lui qui a toujours travaillé seul doit apprendre à déléguer, à surveiller le travail en cours, à modifier le travail fini, à superviser à la fois peintres, sculpteurs et stucateurs. Le séjour parisien de Poussin n'est donc pas de tout repos et rompt avec ses habitudes. De plus, la commande, en 1641, du décor de la grande galerie du Louvre, le palais royal de l'époque, confronte l'artiste à sa plus grande peur : la peinture de plafond en grandes dimensions. N'ayant jamais expérimenté ce médium, il se voit en outre imposer le thème de l'œuvre : Hercule. Il doit également intercaler, dans les épisodes de la vie du héros, des reproductions de statues antiques romaines et des motifs issus de monuments antiques, comme la colonne Trajane ou l'arc de Constantin. Le peintre n'a donc que peu de liberté d'action et doit rendre compte de son travail au souverain en personne.

En 1642, fatigué, Poussin quitte Paris en emmenant le jeune Charles Le Brun, l'élève de Simon Vouet. Il promet de revenir en France achever son travail au Louvre, mais la mort de Richelieu en 1642, puis celle de Louis XIII en 1643 le délivrent de sa promesse. Poussin restera donc à Rome jusqu'à la fin de ses jours.

UNE FIN DE VIE SOLITAIRE

À Rome, Poussin est paradoxalement isolé : s'il a détenu le titre de premier peintre du roi Louis XIII, il n'a cependant jamais obtenu de commande majeure dans la cité italienne, mis à part *Le Martyre de saint Érasme*. En outre, la syphilis, contractée au début des années 1630, l'empêche de tenir convenablement ses pinceaux et ses plumes.

Ainsi, malgré son retour en Italie, le milieu intellectuel parisien, Fréart de Chantelou en tête, demeure son mécène le plus important. C'est d'ailleurs pour ce dernier que Poussin peint son *Autoportrait* en 1650. Sans doute les deux hommes entretiennent-ils une grande amitié.

Si la célébrité empêche Nicolas Poussin de vivre comme un ermite, il n'en recherche pas moins l'isolement – allant jusqu'à refuser le titre de prince de l'académie de Saint-Luc, l'académie des peintres de Rome, en 1657 –, afin de poursuivre ses recherches picturales. Il meurt le 19 novembre 1665.

CARACTÉRISTIQUES

UN PEINTRE CLASSIQUE

Bien que Poussin soit influencé par l'esthétique baroque, il développe, tout au long de sa carrière, un art classique, au point de devenir le représentant majeur du classicisme français. On le constate tout d'abord à travers l'attention qu'il porte à la composition de ses toiles : tout est minutieusement calculé, des attitudes de chaque personnage à leur position dans l'œuvre et leur opposition les uns par rapport aux autres, pour former une toile harmonieuse et équilibrée. L'art de Poussin se caractérise par une recherche constante d'équilibre et de lisibilité. Aussi les expressions des personnages sont-elles conformes à leur rôle dans la scène représentée, facilitant la compréhension du tableau.

Par ailleurs, l'artiste dessine beaucoup, à la fois les œuvres antiques, statues et monuments qu'il découvre à Rome, et des paysages, notamment pour préparer la composition de ses œuvres peintes. Ses esquisses préparatoires, réalisées à la plume, sont parfois minimalistes, mais toujours finement travaillées. On n'a pas retrouvé de dessin préparatoire représentant seulement un personnage ou un détail, comme un visage ou une main dans un certain mouvement, à la différence, par exemple, d'un artiste tel que Charles Le Brun.

DES POÉSIES OVIDIENNES AUX SCÈNES RELIGIEUSES

Qu'il peigne des toiles mythologiques ou religieuses – ses principaux sujets –, Poussin adopte le même format : le tableau de cabinet. Il réalise très peu de grands formats, ne se sentant pas à l'aise avec les dimensions hors normes. Parmi ses toiles de grandes dimensions, la plus connue est *Le Martyre de saint Érasme*, qui mesure 320 cm de haut sur 186 cm de large.

Ses premières toiles représentent pour beaucoup des épisodes tirés des *Métamorphoses* d'Ovide (vers 43 av. J.-C.-17 apr. J.-C.), un recueil de poèmes relatant les transformations de héros mythologiques en animaux, en plantes ou en minéraux. Les toiles de Poussin inspirées de ce recueil, l'ouvrage mythologique le plus lu au XVIIe siècle, sont le plus souvent baignées d'une lumière chaude, comme c'est le cas par exemple dans *Vénus pleurant Adonis* (vers 1625) ou dans *Écho et Narcisse* (1630). Si l'artiste utilise parfois des tonalités plus sombres et plus froides, notamment dans ses peintures où le paysage prédomine comme *L'Hiver* ou *Le Déluge* (1660-1664), il privilégie généralement les couleurs dérivées du brun, avec des accents de rouge et de bleu. L'aspect très chaleureux qui se dégage ainsi de ses œuvres est typique de la peinture vénitienne du XVIe siècle, représentée par des artistes tels que Titien et Véronèse (1528-1588).

C'est avec ces tableaux que Poussin devient célèbre à Rome à partir des années 1630. Mais le succès ne l'empêche pas de continuer ses recherches et ses expérimentations. Ainsi, il abandonne peu à peu les tableaux mythologiques au profit de toiles religieuses illustrant en majorité des scènes de l'*Ancien Testament*. La composition devient plus rigoureuse, presque mathématique, et les couleurs, plus froides et moins chaleureuses, se font aussi plus vives. En outre, les sujets sont plus facilement compréhensibles : en un coup d'œil, le spectateur identifie la scène représentée. Ce souci de lisibilité prime, chez Poussin, sur l'adéquation au texte. Dans son *Eliézer et Rebecca* (1648), par exemple, Poussin est attaqué sur l'absence des chameaux, alors qu'ils sont cités dans la Bible. Charles Le Brun prend sa défense en arguant que l'intégration de chameaux n'était pas nécessaire pour la compréhension de la scène et que, selon lui, cela aurait donné un effet comique à une œuvre sérieuse.

DES SUJETS DÉDOUBLÉS ET DES EMPRUNTS

Une particularité intéressante de l'art de Poussin est qu'il semble avoir souvent traité par deux fois le même sujet, avec un rendu différent. Par exemple, il peint *L'Inspiration du poète* une première fois en 1627, puis à nouveau en 1629. La même chose se reproduit avec *Le Massacre des Innocents*, dont la première version est datée de 1626-1627 et la seconde de 1631-1632, ainsi qu'avec *Le Triomphe de Flore*, peint en 1628, et *L'Empire de Flore*, en 1631. Pour chacune des premières versions de ces œuvres, les couleurs sont ternes, presque terreuses, la luminosité est hésitante et les postures de certains personnages sont maladroites. Au contraire, dans les secondes versions, Poussin semble faire preuve de davantage d'audace, n'hésitant pas à recourir à des couleurs plus nettes et plus vives, et à employer un éclairage plus diversifié, ce qui renforce la lisibilité des sujets. De manière générale, il accorde également une plus grande attention à la composition, dont il renforce l'équilibre.

De plus, Poussin reprend souvent des groupes ou des personnages de ses propres œuvres ou d'œuvres plus anciennes, voire antiques, pour les réintégrer dans d'autres peintures. Par exemple, dans *Vénus pleurant Adonis* et dans *La Lamentation sur le corps du Christ* (1628-1629), Adonis et le Christ sont inspirés d'une statue antique représentant un Niobide mourant. De même, la Vénus qui guide le char de Flore dans *Le Triomphe de Flore* (vers 1627-1628) devient la figure de Flore elle-même dans *L'Empire de Flore* (1631).

UN ARTISTE QUI EXPÉRIMENTE

Contrairement à la règle de hiérarchisation des genres, édictée par l'Académie royale de peinture et de sculpture – qui stipule que la peinture d'histoire est le genre le plus élevé et qui impose à chaque peintre de spécialiser dans un genre –, Poussin refuse de se cantonner à un genre précis. À l'instar de Paul Bril (1554-1626), d'Annibale Carrache ou encore de Claude Gelée (vers 1600-1682), dit le Lorrain, tous présents à Rome, Poussin s'essaie, à partir des années 1640, à la peinture de paysage.

Par la suite, prenant de l'âge, le peintre refuse peu à peu les diktats iconographiques. Il s'affranchit notamment des traités iconographiques, dont le plus connu est *L'Iconologia* (1593) de Cesare Ripa (vers 1560-1623), qui codifie la représentation des allégories en fixant leurs attributs. C'est ainsi que dans son *Orphée et Eurydice* (vers 1650-1653), par exemple, les éléments classiques du mythe sont présents, mais réduits à leur plus simple expression, devenant uniquement prétexte à la représentation du paysage. Cette œuvre, parmi d'autres, est donc davantage un paysage qu'une véritable scène mythologique.

LE MARTYRE DE SAINT ÉRASME

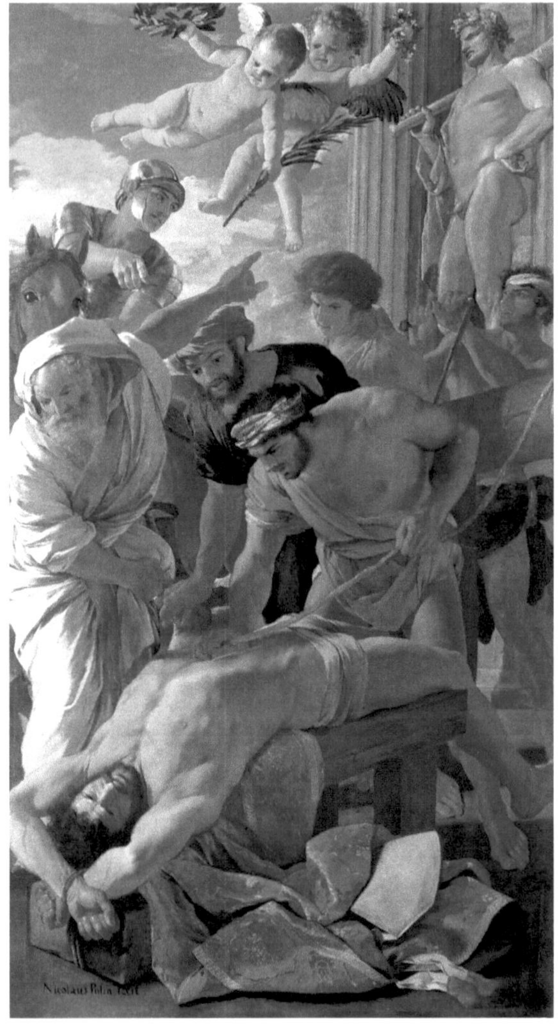

Le Martyre de saint Érasme, 1628-1629, huile sur toile, 320 x 186 cm, Rome, pinacothèque vaticane.

Ce retable, une des rares œuvres de Poussin de grand format, est une commande pour la basilique Saint-Pierre de Rome. Il s'agit de la première et unique commande papale que Poussin réalise à Rome.

Pour ce tableau, l'artiste se serait inspiré du *Martyre de saint Laurent* (1615) de Rubens (1577-1640). Mais si de nombreux motifs semblent être empruntés à l'œuvre de Rubens – l'idole, le *putto* (cupidon) ou le prêtre –, Poussin innove en présentant le saint couché vers le spectateur dans une scène en contre-plongée, ce qui monumentalise les personnages. Cette source d'inspiration est cependant discutée et le musée du Vatican donne une autre explication à la composition : ce retable aurait à l'origine été commandé à Pierre de Cortone et terminé par Poussin suivant les esquisses de l'artiste italien.

Ayant refusé de s'agenouiller devant la statue du dieu païen que pointe le prêtre, saint Érasme devient un martyre, mais sa résistance a payé, car des anges arrivent du ciel pour lui offrir une couronne de fleurs et la palme des martyres. Placé au carrefour des regards du bourreau, du prêtre mais également de la statue, qui semble elle aussi assister au martyre, le saint est le personnage principal de la scène. Il apparaît comme le symbole de la foi catholique triomphante, celui vers lequel les fidèles doivent se tourner en cas de difficulté. Au contraire des protestants, les catholiques croient au rôle d'intercesseur du saint auprès de Dieu. *Le Martyre de saint Érasme* s'inscrit donc dans le mouvement de la Contre-Réforme, qui entend reconquérir les âmes perdues au protestantisme. Le tableau a valeur d'exemple : le fidèle doit prendre modèle sur le saint et sa foi doit être aussi forte que celle du martyr.

Les couleurs employées par le peintre, très chaudes, sont typiques de ses débuts et montrent la dette de Poussin vis-à-vis des artistes vénitiens du XVIe siècle. La présence de grandes plages des trois couleurs primaires – jaune, rouge et bleu – est un trait typique de l'artiste. Enfin, si *Le Martyr de saint Érasme* témoigne déjà de son orientation vers le classicisme, le traitement du sujet est encore baroque. Les gestes du grand prêtre sont très théâtraux et la minutie avec laquelle l'artiste peint le martyr – jusqu'à la représentation des viscères – a un côté emphatique qui n'a rien de classique.

LES BERGERS D'ARCADIE

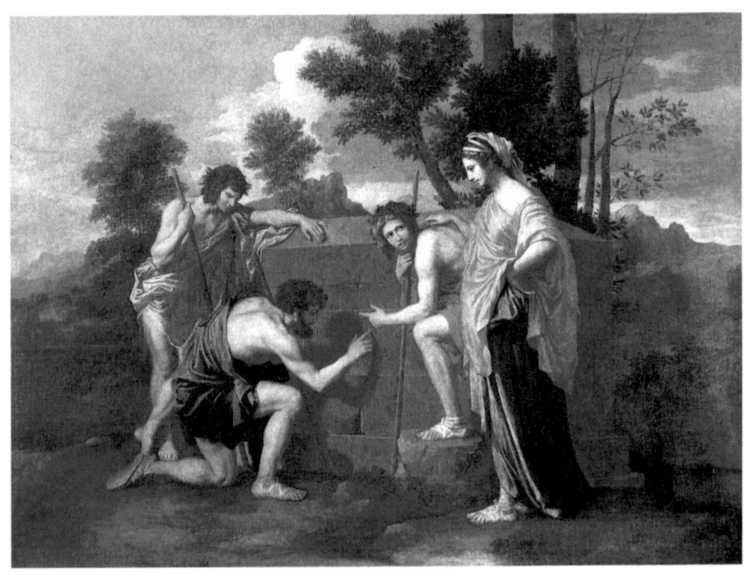

Les Bergers d'Arcadie (Et in Arcadia ego), vers 1638-1640, huile sur toile, 85 x 121 cm, Paris, musée du Louvre.

Ce tableau, l'un des plus célèbres de Poussin, est en réalité la seconde version des *Bergers d'Arcadie*. La première, peinte en 1618, est conservée à Chatsworth House, en Angleterre. Le commanditaire des deux toiles est inconnu, mais on sait que la deuxième version a été achetée par Louis XIV (1638-1715) en 1685. Les deux œuvres, séparées d'une vingtaine d'années, sont très différentes. La première s'inspire d'une toile du Guerchin (1591-1666) et s'inscrit clairement dans le courant baroque : on trouve au premier plan un dieu-fleuve faisant figure de repoussoir, et les bergers sont peints sur trois plans différents en train de lire le tombeau placé en diagonale, qui creuse la profondeur. Au contraire, la composition de la peinture du Louvre, avec le tombeau au centre, presque de face, paraît plus stable et plus rigoureuse. Les coloris de ce tableau sont aussi plus frais. De plus, les trois bergers sont sur le même plan et aucune figure repoussoir ne vient creuser la perspective. On sent par ailleurs moins d'agitation dans les figures des bergers : calmes, ils semblent être présents près du tombeau depuis un moment, à essayer de déchiffrer l'inscription. Cette œuvre, avec son sujet antique et sa composition équilibrée, reflète parfaitement l'esprit classique de Poussin.

Selon l'interprétation la plus courante, l'inscription « Et in Arcadia ego » (« Même en Arcadie j'existe ») ferait référence à la Mort, représentée par la femme de profil. Ainsi, même en Arcadie, région idyllique et symbole de l'âge d'or dans la poésie antique, la mort est présente. Mais d'autres la lisent comme la plainte d'une jeune fille, morte trop tôt, qui serait dans le tombeau et aurait elle aussi vécu en Arcadie. Comme on ne sait pas pour qui Poussin a peint cette seconde version des *Bergers d'Arcadie*, plus sereine, plus mélancolique et appelant davantage à la méditation que la première, il est impossible de trancher. Le tableau conserve donc tout son mystère.

LE JUGEMENT DE SALOMON

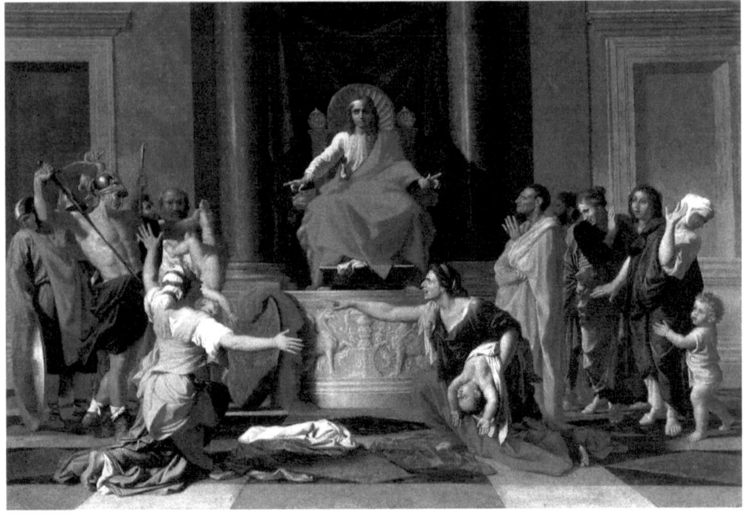

Le Jugement de Salomon, 1649, huile sur toile, 101 x 150 cm, Paris, musée du Louvre.

Le Jugement de Salomon est peint après le retour de Poussin à Rome, en 1649. Il s'agit d'une commande de Jean Pointel, riche amateur lyonnais commanditaire de nombreuses œuvres de Poussin, parmi lesquelles *Eliézer et Rebecca* et *Orphée et Eurydice*. Comme ces deux œuvres, *Le Jugement de Salomon* entre dans la collection de Louis XIV par achat en 1685.

Ce tableau représente un épisode tiré de l'*Ancien Testament* dans lequel le roi Salomon doit juger une dispute entre deux mères au sujet d'un enfant mort, dans les bras de la femme de droite, et d'un enfant vivant, tenu par un garde à gauche. Les deux femmes prétendent chacune que l'enfant vivant est le leur. En ordonnant à un garde de tuer l'enfant afin d'identifier la vraie mère, le roi fait preuve d'ingéniosité.

Poussin dispose l'architecture du palais du roi de telle sorte qu'elle répond parfaitement à la sagesse et à la droiture du roi de Judée. De plus, la composition du tableau est rigoureusement mathématique : le roi, placé sur un trône surélevé par un podium sculpté en bas-relief de deux griffons, se trouve à l'intersection des diagonales, ce qui confère un grand équilibre à la toile. Poussin adopte par ailleurs la construction pyramidale chère à Léonard de Vinci (1452-1519), plaçant les deux femmes à la base de la pyramide et le roi à son sommet.

Enfin, notons que l'artiste met en place ce qui sera plus tard théorisé comme la « théorie des modes » : les sentiments des personnages sont identifiables par leurs expressions et attitudes. Ainsi, la sagesse de Salomon transparaît à travers son expression sereine et sa stabilité. De même, à sa laideur et à son expression mauvaise, il est facile de reconnaître que la femme de droite ment, et on comprend d'emblée que les deux femmes à l'extrême-droite sont horrifiées par le jugement du roi – elles se cachent le visage pour ne pas assister à la mort de l'enfant – tandis que le garde à gauche, au visage résolu, a confiance en Salomon.

Ce tableau est typique du classicisme que Poussin développe à Rome et qui sera récupéré par ses héritiers français, notamment Charles Le Brun.

AUTOPORTRAIT

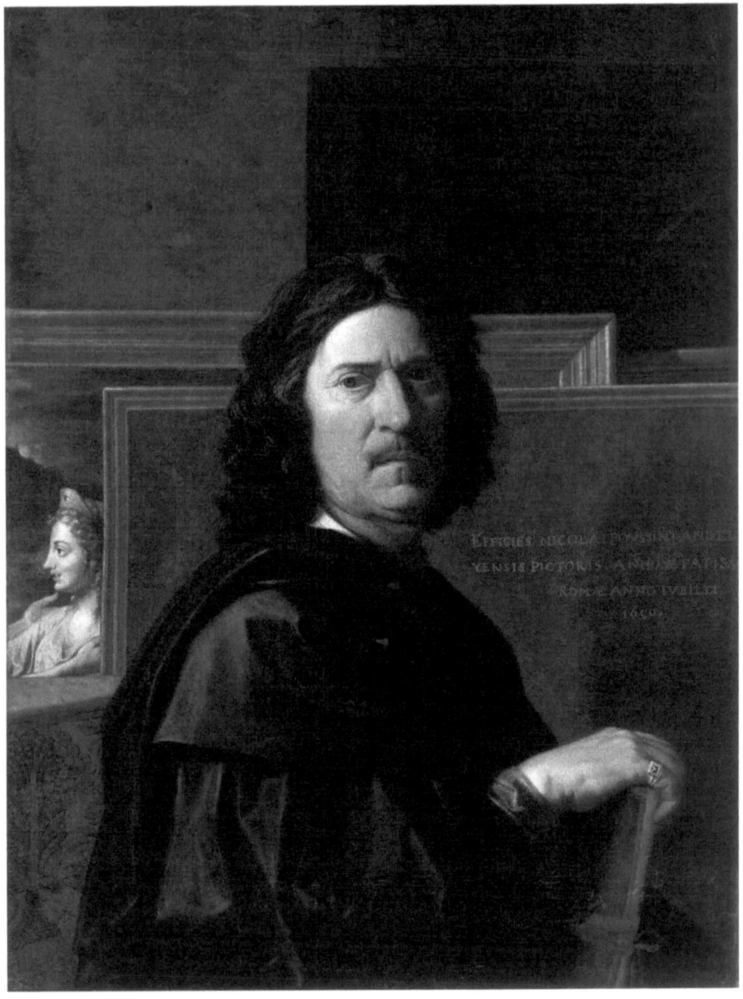

Autoportrait, 1650, huile sur toile, 98 x 74 cm, Paris, musée du Louvre.

L'*Autoportrait* de Poussin a été peint pour Paul Fréart de Chantelou, principal mécène de l'artiste en France. Le collectionneur désirait posséder un portrait de l'artiste, mais Poussin, plutôt que d'engager un portraitiste, décida de se peindre lui-même.

L'artiste est représenté de trois quarts face, vêtu de noir, entouré de ses tableaux dont l'un, vu de dos, porte une inscription qui identifie Poussin et nous indique qu'il a été peint alors que l'artiste avait 56 ans. La sobriété du décor et de la tenue du peintre – hormis la bague qu'il arbore à la main droite – exprime la simplicité du personnage et le peu d'intérêt qu'il porte au succès. Avec cet autoportrait, Poussin n'exalte pas sa célébrité ou l'importance qu'il a acquise dans le milieu artistique contemporain. D'ailleurs, on peut remarquer l'absence de la palette et du pinceau : l'accent n'est pas mis sur son activité, mais sur sa personne. Autrement dit, Poussin ne s'est pas représenté en tant que peintre, mais en tant qu'homme. Ce choix peut s'expliquer par le fait que ce portrait était destiné à l'un de ses proches amis. Il se dégage de cette œuvre une impression de nostalgie, et le regard du modèle est particulièrement intense.

L'HIVER OU *LE DÉLUGE*

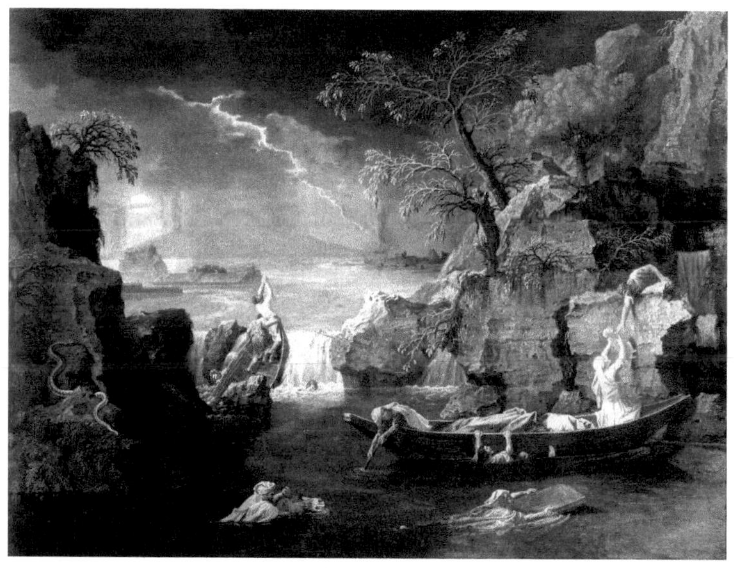

L'Hiver ou *Le Déluge*, 1660-1664, huile sur toile, 118 x 160 cm, Paris, musée du Louvre.

L'Hiver ou *Le Déluge* est l'une des quatre toiles des *Quatre Saisons* (*Le Printemps* ou *Le Paradis terrestre*, *L'Été* ou *Ruth et Booz*, *L'Automne* ou *La Grappe de raisin rapportée de la Terre promise*), peintes par l'artiste pour le duc de Richelieu entre 1660 et 1664. Cette série marque l'aboutissement des recherches sur le paysage que Poussin mène depuis les années 1640-1650. Il associe chaque saison à un épisode biblique, ce qui a deux conséquences. D'une part, ce faisant, Poussin historie le paysage, qui devient dès lors bien davantage ; d'autre part, le sujet biblique, dominé par le paysage, devient anecdotique : il s'agit d'un prétexte à la représentation du paysage. De plus, chaque saison est associée à un élément et représente l'un des âges de la vie : l'hiver, associé à l'eau, correspond à la mort, symbolisée par le déluge mettant fin à tout vie humaine, la famille de Noé mise à part. Mais l'arche de ce dernier est placée au fond du tableau, comme si le signe de l'espoir futur s'était déjà envolé, laissant les personnages du premier plan seuls sur leur misérable barque. On sent l'urgence dans laquelle ils se trouvent, traduite par l'équilibre instable de leurs positions, aussi bien en ce qui concerne le personnage de droite sur un rocher que l'homme de gauche, dont le bateau se renverse. Cette idée d'urgence est accentuée par les deux diagonales que forment les rochers, provoquant ainsi une certaine tension dans la composition.

La peinture de Poussin se fait ici moins calculée : la touche est plus visible et plus pâteuse, notamment par rapport au *Jugement de Salomon*, probablement à cause de la maladie du peintre, qui l'empêche d'être aussi précis qu'avant. On retrouve, dans une atmosphère apocalyptique dominée par les tons gris, les touches de couleurs primaires – rouge, jaune et bleu – chères à Poussin, qui attirent l'attention du spectateur. La lumière chaude et enveloppante des débuts du peintre est absente : ici, les tons se font à la fois plus froids et plus éclatants avec l'éclair qui déchire les nuages noirs. Le paysage nocturne a une atmosphère oppressante.

L'espoir de l'humanité incarné par Noé et son arche est peu visible dans ce tableau, à l'image du sujet biblique, qui passe au second plan par rapport à la représentation de la nature. Peut-être la vision catastrophique du déluge est-elle, de la part d'un Poussin vieillissant et malade, une prémisse de sa mort future.

NICOLAS POUSSIN, UNE SOURCE D'INSPIRATION

Si Nicolas Poussin n'a pas participé à la fondation de l'Académie royale de peinture et de sculpture, celle-ci n'en revendique pas moins une ascendance poussinienne. C'est en effet sur l'art de Poussin que se fonde l'enseignement académique, les élèves copiant des tableaux du maître et écoutant des conférences sur ses œuvres.

Charles Le Brun, qui accompagne Poussin à Rome en 1642, est sans doute le peintre français qui a le plus été influencé par son art. Sur le modèle de la théorie des modes de Poussin, Le Brun étudie la théorie de l'expression des passions selon laquelle à chaque émotion correspond une expression faciale particulière. L'influence de Poussin est particulièrement perceptible dans les œuvres de jeunesse de Le Brun, par exemple dans *Le Sacrifice de Polyxène*, tableau daté de 1647 mais découvert en 2013 dans le célèbre palace parisien, le *Ritz*. On y retrouve les coloris de Poussin, un peu terreux, avec des éclairs lumineux de couleurs vives. Les visages des personnages expriment leurs sentiments et permettent de les identifier : la jeune fille en bleu, implorante et triste, n'est autre que Polyxène, qui regarde sa mère, la vieille femme la retenant de la main, une expression d'horreur sur le visage.

De manière générale, Poussin est, tout au long des XVIIe et XVIIIe siècles, le modèle incontesté des peintres de l'Académie, qu'il s'agisse de Noël Coypel (1628-1707), Jean Jouvenet (1644-1717), Nicolas de Largilière (1656-1746) ou encore Hyacinthe Rigaud (1659-1743).

La querelle du coloris

On retrouve le nom de Poussin associé à celui de Rubens dans la querelle du coloris, qui divisa les partisans du dessin, ou poussinistes, et ceux de la couleur, les rubéniens. La querelle opposait le dessin, associé au plaisir intellectuel, à la couleur, liée quant à elle au plaisir des sens. Le Brun fait évidemment partie des pro-dessin, suivant en cela l'enseignement de l'Académie, qui fait la part belle au dessin contre la couleur. Mais après la mort de Le Brun en 1690, la couleur semble prendre le pas sur le dessin, ce qui laisse le champ libre aux peintres du XVIIIe siècle tels qu'Antoine Watteau (1684-1721), François Boucher (1703-1770) ou Jean Honoré Fragonard (1732-1806). Une querelle similaire éclot encore au début du XIXe siècle à travers l'affrontement entre néoclassiques et romantiques. Certaines toiles de Louis David (1748-1825), par exemple *Le Serment des Horaces* (1784-1785), témoignent de l'influence de Poussin sur l'esthétique néoclassique.

- Nicolas Poussin, né en 1595, est un artiste français qui a passé la majeure partie de sa carrière à Rome. Il apparaît comme le représentant par excellence du classicisme français.

- Poussin s'est spécialisé dans les tableaux de format moyen, aussi appelés tableaux de cabinet, principalement pour des commandes privées. *Le Martyre de saint Érasme* (1628-1629) est une des seules commandes prestigieuses qu'il ait reçues, pour la basilique Saint-Pierre de Rome.

- S'il privilégie au début de sa carrière les scènes mythologiques tirées des *Métamorphoses* d'Ovide, à partir des années 1630, il s'oriente plutôt vers les épisodes religieux.

- D'une palette très proche de celle des peintres vénitiens du XVIe siècle, avec des tons très chaleureux, Poussin évolue également, au fil de sa carrière, vers davantage de froideur.

- Certains de ses premiers tableaux témoignent d'une influence du baroque, mais le peintre oriente rapidement ses recherches picturales dans le sens de l'équilibre et de l'harmonie, accordant une importance majeure à la composition de ses toiles : tout est minutieusement calculé. Il fait également preuve d'un grand souci de lisibilité, cherchant à faciliter la compréhension de ses œuvres.

- Artiste très solitaire – il s'est formé en autodidacte et n'a pas ouvert d'atelier –, Poussin dessine énormément, non seulement les vestiges antiques qu'il côtoie à Rome, mais aussi des paysages et des esquisses préparatoires pour ses tableaux.

- Si le peintre n'a pas participé à la fondation de l'Académie, celle-ci se revendique cependant clairement de son art. Poussin est donc une figure exemplaire pour les peintres français des XVIIe et XVIIIe siècles et son style sert de point de départ pour l'élaboration du classicisme à la française.

POUR ALLER PLUS LOIN

SOURCES BIBLIOGRAPHIQUES

* BAZIN (Germain), BLUNT (Anthony) et STERLING (Charles), *Nicolas Poussin*, catalogue d'exposition (musée du Louvre, 1960), Paris, Éditions des musées nationaux, 1960.
* BLUNT (Anthony), *The Drawings of Nicolas Poussin*, London, The Warburg Institute, 1939-1974.
* DENIZEAU (Gérard), *Panorama des grands courants artistiques*, Paris, Larousse, 2013.
* KEAZOR (Henry), *Nicolas Poussin*, Cologne, Taschen, 2007.
* MÉROT (Alain), *Poussin*, Paris, Hazan, 2011.
* MIGNOT (Claude) et RABREAU (Daniel), *Histoire de l'art. Les Temps modernes. XVe-XVIIIe siècles*, Paris, Flammarion, 2011.
* OLSON (Todd), *Poussin and France. Painting, Humanism, and the Politics of Style*, New Heaven, Yale University Press, 2002.
* POUSSIN (Nicolas), *Collection de lettres de Poussin*, Paris, 1824.
* PRAT (Louis-Antoine) et ROSENBERG (Pierre), *Nicolas Poussin. 1594-1665*, Paris, Réunions des musées nationaux, 1994.
* ROSENBERG (Pierre), *Nicolas Poussin et son temps : le classicisme français et italien contemporain de Poussin*, Paris, Éditions des musées nationaux, 1961.
* THUILLIER (Jacques), *Nicolas Poussin*, Paris, Flammarion, 1994.

SOURCES ICONOGRAPHIQUES

* POUSSIN (Nicolas), *Autoportrait*, 1650, huile sur toile, 98 x 74 cm, Paris, musée du Louvre. La photo reproduite est réputée libre de droits.

- Poussin (Nicolas), *Le Jugement de Salomon*, 1649, huile sur toile, 101 x 150 cm, Paris, musée du Louvre. La photo reproduite est réputée libre de droits.
- Poussin (Nicolas), *Le Martyre de saint Érasme*, 1628-1629, huile sur toile, 320 x 186 cm, Rome, pinacothèque vaticane. La photo reproduite est réputée libre de droits.
- Poussin (Nicolas), *Les Bergers d'Arcadie* (*Et in Arcadia Ego*), vers 1638-1640, huile sur toile, 85 x 121 cm, Paris, musée du Louvre. La photo reproduite est réputée libre de droits.
- Poussin (Nicolas), *L'Hiver* ou *Le Déluge*, 1660-1664, huile sur toile, 118 x 160 cm, Paris, musée du Louvre. La photo reproduite est réputée libre de droits.

www.50minutes.com

Éditeur responsable : Lemaitre Publishing
Rue Lemaitre 4 | BE-5000 Namur
info@lemaitre-editions.com

ISBN ebook : 978-2-8062-5802-1
ISBN papier : 978-2-8062-5803-8
Dépôt légal : D/2014/12603-170
Photo de couverture : © *Autoportrait*, 1650, par Nicolas Poussin.

Conception numérique : Primento,
le partenaire numérique des éditeurs